누가누가 나올까?

오리
염소
공주
누렁이

원숭이 대장
꼬마 원숭이

참말왕국 신하 할아버지

김숙 박소명 성현정 글 | 권영묵 그림
1판 1쇄 발행 | 2025년 7월 25일
펴낸이 | 최용선   펴낸곳 | 도서출판 북뱅크   등록 | 1999년 5월 3일(1999-6호)
주소 | 21453 인천광역시 부평구 백범로 478(십정동, 종근당빌딩 501호)
전화 | (032)434-0174 / 441-0174   팩스 | (032)434-0175   이메일 | bookbankbb@naver.com
페이스북 | https://www.facebook.com/bookbankbooks   인스타그램 | @bookbank_books
홈페이지 | bookbank-books.com
ISBN 978-89-6635-231-9 74810
ISBN 978-89-6635-230-2(세트)
ⓒ 김숙 박소명 성현정 권영묵 2025

- 이 책의 판권은 도서출판 북뱅크에 있습니다. 이 책 내용의 전부 혹은 일부를 재사용하려면 반드시 저자와 도서출판 북뱅크의 서면 동의를 받아야 합니다.
- 잘못된 책은 본사나 구입처에서 바꿔드립니다.

품명: 아동도서 **제조년월**: 2025년 7월 25일 **사용연령**: 6세 이상 **제조자명**: 도서출판 북뱅크
제조국: 대한민국 **연락처**: (032)434-0174 **주소**: 21453 인천 부평구 백범로 478 501호
주의사항: 종이에 베이거나 긁히지 않도록 주의하세요. 책 모서리가 날카로우니 던지거나 떨어뜨리지 마세요.
KC마크는 이 제품이 공통안전기준에 적합하였음을 의미합니다.

속담공주
나라를 구하다

김숙 박소명 성현정 글 | 권영묵 그림

북뱅크

옛날 옛적에
아름다운 말만 쓰는
참말왕국이 있었어.
어느 날, 참말왕국에 기다리고 기다리던
아기가 태어났어.
왕과 왕비는 손에 쥐면 터질세라
바람 불면 날아갈세라
딸을 애지중지 키웠어.
왕과 왕비는 옛이야기를 좋아해서
이름을 '바리'라 지었지.

바리 공주가 첫돌이 되던 날, 거짓말과 험한 말만 하는 막말왕국의 군대가 쳐들어왔어. 막말왕국의 왕은 참말왕국의 말을 쓰지 못하게 하고 왕과 왕비를 뾰족탑 감옥에 가두라고 명령했어.
태어날 때부터 바리 공주를 길러 온 유모는 공주를 품에 안고 몰래 왕궁을 빠져나왔어. 강을 건너고 숲을 지나, 아무도 모르는 깊은 산속으로 숨어들었지.

바리는 자기가 공주인 줄도 모른 채, 유모를 할머니라 부르며 무럭무럭
자랐어. 바리가 말을 하기 시작하자 유모는 참말왕국의 아름다운 말을
차근차근 가르쳤어.
영리한 바리는 유달리 속담을 좋아했어. 속담이 어찌나 재미있던지
바리는 참말왕국의 모든 속담을 줄줄 외울 정도였지.

세월이 흘러 바리가 열 살이 되었을 무렵, 유모는 지난 일을 다 들려주고는
숨을 거두었어. 바리는 눈물을 흘리며 햇볕 잘 드는 땅에 유모를 정성껏
묻어 준 뒤 왕과 왕비를 구하러 길을 떠났어.

"난 일찍부터 바리가 특별하다는 걸 알았어. 나도 데려가 줘. 꽥꽥!"
오리가 말했어.
"메헤헤. 바깥세상이 얼마나 무서운데 그래. 난 절대 안 갈 테야."
염소는 고개를 절레절레 흔들었어.
"바리가 집으로 돌아간다고? 그럼 당연히 같이 가야지. 멍멍!"

누렁이가 말하자 염소도 황급히 따라붙었어.
"나도 갈래, 나도 갈래!"
넷은 함께 길을 떠났어.

집을 나선 그들은 몇 날 며칠 고생한 끝에 마침내 왕국 근처에 다다랐어.

그런데 갑자기 나무가 빽빽하게
들어찬 시커먼 숲이 나타났어.
숲 입구에는 세 갈래 길이 나 있고,
팻말에 무언가가 쓰여 있었어.
막말왕국의 왕이 쳐 놓은 덫이었지.
왕이 누구도 궁으로 못 오게 하려고
이정표마다 마법을 걸어 두었거든.

천 리 길도 한 걸음부터
천 리 길은 너무 멀어
천 리 길에서 발병 난다

팻말에는 이런 말들이 쓰여 있었어.
어려운 속담을 풀지 못하면 공주는 궁으로 돌아갈 수 없었어.
막말왕국의 왕은 자신이 싫어하는 속담을 곳곳에 깔아 두면, 그걸
어린 공주가 절대 풀지 못할 거라고 생각한 거야. 막말왕국의 왕은
자신이 모르는 속담을 어린 공주가 알 리 없다고 생각했거든.
"대체 어느 길로 가라는 거야?"
염소가 투덜거렸어.
"하나도 모르겠는걸. 누렁이 넌 어때?"
오리가 풀이 죽어 묻자, 누렁이도 고개를 저었어.
"나는 알아. **천 리 길도 한 걸음부터**지!"
바리가 외치자, 순식간에 양옆의 두 길이 사라지고 가운데 길만 남았어.
넷은 그 길을 따라 걷기 시작했어.

숲을 지나자, 이번엔 출렁이는 강이 나타났어. 강 위에는 다리가 두 개 놓여 있었어. 하나는 외나무다리, 하나는 돌다리였어.

"이번엔 아무 속담도 없잖아! 어느 길로 가야 하지? 잘못 골랐다간 우리 모두 강에 빠질 거야!"

염소가 다리 사이를 왔다 갔다 하며 말했어.

"**원수는 외나무다리에서 만난다**는 말이 있잖아? 난 돌다리가 나을 것 같아."

오리가 말하자 바리가 활짝 웃으며 칭찬했어.

"오리, 너 제법인데! **서당 개 삼 년에 풍월 읊는다**더니. 할머니의 가르침을 잘 기억하고 있구나!"

"아, 돌다리 얘기도 하셨던 것 같은데… 그게 뭐였더라?"

누렁이가 고개를 갸웃거렸어.

"**돌다리도 두들겨 보고 건너라!**"

바리가 말하며 돌다리를 툭툭 두들겼어.

그러자 외나무다리는 스르르 사라지고 돌다리만 남았어.

바리와 친구들은 기뻐하며 돌다리를 건넜어.

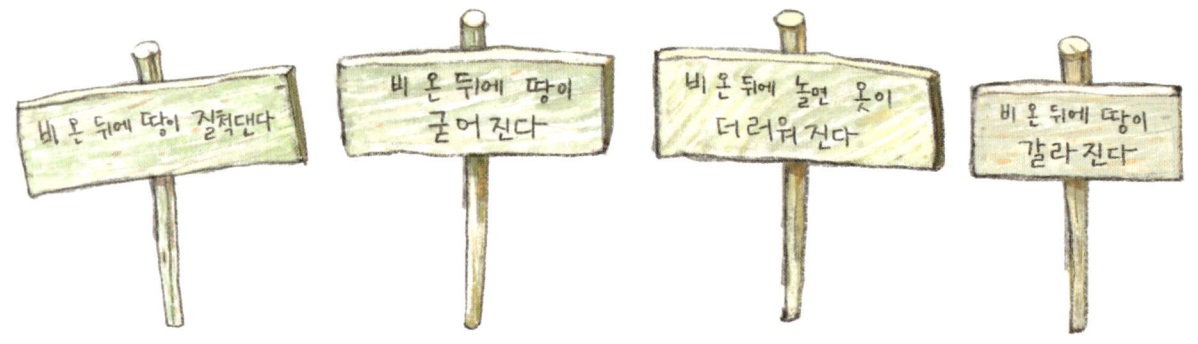

다리를 건너 다시 숲을 지나자 눈앞에 높고 가파른 절벽이 나타났어.
절벽에는 거미줄로 된 사다리 네 개가 걸쳐 있었어.
각각의 사다리 가운데에는 커다란 독거미가 앉아 입맛을 다시고 있었어.

사다리 앞에는 어김없이 하나씩 속담이 적혀 있었어.

비 온 뒤에 땅이 질척댄다
비 온 뒤에 땅이 굳어진다
비 온 뒤에 놀면 옷이 더러워진다
비 온 뒤에 땅이 갈라진다

"이건 내가 맞힐게! 정답은 비 온 뒤에 땅이 굳어진다!"
누렁이가 신나서 소리쳤어. 그러자 독거미 네 마리는 순식간에
사라지고 튼튼한 사다리 네 개만 남았어.
"누렁이, 대단한데! 정말 잘했어."
바리가 기뻐하며 누렁이의 머리를 쓰다듬어 주었어.
넷은 각자 사다리를 타고 가뿐히 절벽을 올랐어.

절벽을 지나자마자 이번엔 뾰족뾰족 가시덤불이 나타났어.
이리저리 둘러보아도 길은 보이지 않았지.
그런데 자세히 보니, 가시덤불 잎사귀 사이로 팻말이 빼꼼 보였어.
"이건 내게 맡겨!"
염소가 당차게 말하더니 오물오물 잎사귀를 뜯어 먹기 시작했어.
"굼벵이도 구르는 재주가 있다더니!"
오리가 빈정거렸지만, 염소는 아랑곳하지 않았어.
야무지게 잎사귀를 모두 먹어 치웠지.
그러자 곧 가시덤불 사이에 숨겨져 있던 이정표가 뚜렷이 드러났어.

개구리는 올챙이 엄마다
개구리도 뱀이 오면 뛴다
개구리도 움츠려야 뛴다

"정답은 개구리도 움츠려야 뛴다!"
바리의 외침과 함께 가시덤불이 순식간에 사라졌어.
"염소가 큰일을 했네. 고마워, 염소야!"
바리의 칭찬에 염소는 쑥스러운지 얼굴을 붉혔지.

그런데 이번엔 아무리 걸어도 이정표가 나타나지 않았어.
잘못된 길을 고른 건 아닌지 슬그머니 걱정이 밀려오기 시작했지.
그때였어!
앞서 걷던 염소가 갑자기 '으악!' 하더니
바나나 껍질을 밟고 엉덩방아를 찧은 거야.
그러자 어디서 나타났는지, 원숭이들이 나무줄기를 타고
우르르 몰려왔어.

그러더니 너도나도 깔깔 웃기 시작했어.
이곳은 바로 원숭이 마을이었어. 신나게 웃다가
그중 한 마리가 줄을 놓쳐 그만 나무에서 떨어지고 말았어.
"원숭이가 나무에서 떨어졌대요. 떨어졌대요!"
오리와 누렁이가 배꼽이 빠져라 웃으며 놀려 댔어.
엉덩이가 아파서 낑낑대던 염소도 웃음이 터지고 말았어.
이 모습을 본 원숭이 대장이 앞으로 나서더니 호통쳤어.
"우리를 비웃다니 용서할 수 없다! 너희는 절대 이곳을 지나가지 못할 거다!"
그때 바리가 앞으로 나섰어.
"우리 참말왕국에는 **원숭이도 나무에서 떨어진다**는 속담이 있어요. 누구나
실수할 수 있다는 뜻이지요. 하지만 떨어져서 다쳤을지도 모를 친구를
보고 웃은 건 잘못이에요. 정말 미안해요."
"오, 속담이라. 확실히 우리 원숭이들도 가끔 나무에서 떨어지긴 하지.
모든 원숭이들에게 이 중요한 속담을 가르쳐야겠군!"
원숭이 대장은 한결 누그러진 목소리로
말하더니, 지름길까지 알려 주었어.

"**말 한마디에 천 냥 빚도 갚는다**더니, 바리 덕분에 우리가 살았어!"
친구들이 입을 모아 바리를 칭찬했어.

그런데 얼마 가지 않아 이번엔 무시무시한 호랑이와 맞닥뜨렸지.
"어흥! 감히 내 숲에 발을 들여?"
호랑이는 입을 크게 벌리고 으르렁거렸어.
"이젠 정말 끝장이야!"
오리와 염소, 누렁이는 소리치며 바리 뒤에 숨어 눈을 질끈 감았어.
"무슨 소리! **길고 짧은 것은 대어 보아야 알지**."
하지만 바리는 두 손을 허리에 얹고 당차게 말했어.
"아무리 날뛰어 봐라. 나는 이 숲의 왕이다!"
호랑이가 코웃음을 쳤지.
바리도 지지 않고 외쳤어.
"우리 참말왕국에는 **호랑이에게 물려 가도 정신만 차리면 산다**는 속담이 있어. 자, 덤벼 봐!"
바리의 말에 놀란 듯, 눈 깜짝할 사이에 호랑이는 사라지고 숲은 다시 고요해졌어.
"휴, 살았다……."
친구들은 안도의 한숨을 내쉬었어.

호랑이 숲을 빠져나오자, 복숭아가 주렁주렁 열린 과수원이 나타났어.
과수원은 빙 둘러 철조망이 쳐져 있고, 옆에는 팻말이 세 개 세워져 있었어.

금수저도 식후경
금강산도 식후경
금수강산도 식후경

먹보 누렁이가 자신 있게 외쳤어.

"금강산도 식후경!"

그러자 철조망이 스르르 사라졌어.

"누렁이, 잘했어. 우리 어서 가서 배부터 채우자!"

바리와 친구들은 주인 없는 과수원에 들어가 복숭아를 따서 마음껏 배불리 먹었어. 배가 부르니 아무것도 부럽지 않았어. 다들 모두 풀밭에 벌렁 드러누워 기분 좋게 잠이 들었어.

한창 곤히 잠들어 있던 바리와 친구들 위로 갑자기 천둥이 치고 쏴쏴 소나기가 퍼부었어. 바리와 친구들은 허겁지겁 비 피할 곳을 찾기 시작했어.

그러는 사이 비에 쫄딱 젖고 말았지.

"집 떠나면 고생이라더니. 이게 무슨 꼴이야."
염소가 투덜거리며 몸을 부르르 떨었어.

"집에 돌아가고 싶다……."
오리도 축 처진 얼굴로 말했어.

그때 바리가 조용히 입을 열었어.

"다들 돌아가도 좋아. 하지만 나는 부모님을 꼭 구해야 해. **산에 가야 범을 잡지.**"
바리의 말에 누렁이가 화들짝 놀라며 속삭였어.

"쉿! 말조심해. **호랑이도 제 말 하면 온다**는 말 몰라? 다시 호랑이라도 나타나면 어쩌려고 그래!"

바로 그때, 수풀에서 시커먼 무언가가 다가왔어.

"아아, 진짜 호랑이가 왔나 봐."
모두 깜짝 놀라 몸을 움츠렸지. 그런데 나타난 건 호랑이가 아니라, 얼굴에 흰 수염이 가득한 할아버지였어.

"너희들, 내 집 앞에서 대체 무슨 짓을 하고 있는 것이냐?"

그제야 안심한 염소가 말했어.

"자라 보고 놀란 가슴 솥뚜껑 보고 놀란다고, 난 또 호랑이가 온 줄 알았네!"

바리가 할아버지에게 지난 일을 차근차근 설명했어.
"아, 그랬군요. 공주님, 저는 막말왕국에서 겨우 도망쳐 나온
참말왕국의 신하입니다. 오늘은 여기서 푹 쉬세요."
신하는 바리와 친구들을 자신이 머무는 동굴로 데려갔어.

소나기에 흠뻑 젖은 바리는 밤새 오들오들 떨면서 끙끙 앓았어. 결국 감기에 걸리고 만 거야. 신하는 한숨도 자지 않고 바리를 간호해 주었어.
지성이면 감천이라 했던가, 이튿날 아침이 되자 바리는 거뜬하게 일어날 수 있었지.
"저는 늙고 병들어서 같이 갈 수는 없으나, 위험이 닥칠 때마다 힘과 용기를 주는 속담을 외치면 도움이 될 것입니다. 공주님, 꼭 명심하십시오."
신하는 그렇게 말하며 바리와 친구들을 멀리까지 배웅해 주었어.
"꼭 다시 모시러 올게요. 그때까지 기다려 주세요, 할아버지."

동굴을 떠나 한참을 걷던 넷은 길을 잃고 헤매다가 깊은 낭떠러지 앞에 다다랐어. 그곳에도 네 개의 팻말이 세워져 있었어.

열 번 쓰러지면 열 번 다시 일어난다
열 번 쓰러지면 아프다
열 번 쓰러지면 끝이다
열 번 쓰러지면 백 번 다시 일어난다

밤새 앓았던 탓일까, 이번엔 바리도 열 번인지 백 번인지 좀 헷갈렸어.
염소와 오리, 누렁이는 조심스럽게 말했지.
"음… 난 세 번째가 맞는 것 같아."
"나도……."
"**열 번 쓰러지면 열 번 다시 일어난다**. 아니, 백 번 다시 일어난다.
이게 정답 아닐까?"
갈팡질팡하던 바리는 네 번째 팻말을 선택해 버렸어.
그러자 순식간에 땅이 갈라지고 바리와 친구들은 깊은 낭떠러지 아래
검은 호수로 떨어지고 말았어.
그곳은 막말왕국의 문지기 검은 용이 사는 곳이었어.

"생쥐 같은 녀석들! 여기가 어디라고 함부로 들어왔단 말이냐!"
검은 용이 으르렁대더니 입을 크게 벌리고 불을 내뿜었어.
바리와 친구들을 당장이라도 집어삼킬 듯했지.
"이걸 어쩌면 좋아! 바리야, 어서 도망치자!"
오리가 벌벌 떨며 소리쳤어.
그러나 바리는 꿈쩍도 하지 않고 말했어.
"이제 조금만 가면 돼. 여기서 멈출 순 없어.
물에 빠져도 정신을 차려야 산다고 했잖아! 다들 정신 차려!"
바리의 말이 끝나자, 검은 용이 움찔하며 한 발짝 물러났어.
"내 눈이 이상한가? 검은 용이… 조금 작아진 것 같은데?"
염소가 눈을 동그랗게 뜨고 속삭였어.
"그거야! 신하 할아버지 말을 생각해 봐.
위험이 닥치면 힘과 용기를 주는 속담을 외치라고 하셨잖아."
누렁이 말에 바리가 짝 손뼉을 쳤어.
"그래, 맞았어! 막말왕국의 검은 용은 막말만 먹고 자란 괴물이야.
그러니까 좋은 속담을 들으면 힘이 약해지는 거야!"

"그러면 어서 힘과 용기를 주는 속담을 말해 보자!"
염소가 재촉했어.
"쥐구멍에도 볕 들 날 있다!"
오리가 다급하게 외치자, 검은 용의 몸집이 조금 더 작아졌어.
"열 번 찍어 안 넘어가는 나무 없다!"
이번에는 염소도 잔뜩 긴장해서 외쳤어.
그러자 검은 용은 늑대만큼 작아졌지.
하지만 여전히 불을 뿜으며 성난 얼굴로 날아들었어.
"하늘이 무너져도 솟아날 구멍이 있다!"
이번엔 바리가 두 눈을 반짝이며 힘차게 외쳤어.
그러자 검은 용은 순식간에 고양이만 하게 줄어들었어.
"지금이야, 누렁아!"
바리가 소리치자 누렁이가 '멍!' 하고 짖으며 용에게 달려들었어.
그러고는 용의 목덜미를 꽉 물었지.
"캑, 캑캑!"
놀란 용은 생쥐처럼 작아지더니 허둥지둥 호수 깊은 곳으로 달아났어.
검은 용이 사라지자, 막말왕국이 거느리던 어둠의 군대도 함께 사라졌어.
막말왕국의 왕은 꽁무니가 빠져라 참말왕국에서 달아나 버렸지.
"우와아, 우리가 이겼다!"
넷은 서로 얼싸안고 뱅글뱅글 돌며 기뻐했지.

바리는 마침내 뾰족탑에서 부모님을 구해 낼 수 있었어.
막말왕국의 괴롭힘에서 벗어난 참말왕국 백성들은 거리로 나와 덩실덩실 춤추며 외쳤어.
"바리 공주님 만세! 만세! 참말왕국 만만세!"

그 모습을 보던 누렁이가 기분 좋게 꼬리를 흔들며 말했어.
"**고생 끝에 낙이 온다**더니 우린 이제 웃을 일만 남았어."
"**백지장도 맞들면 낫다**는 말은 이럴 때 써야 하겠지?"
염소도 고개를 끄덕이며 말했어.
"그런데 **종잇장도 네 귀를 들어야 바르다**고 하잖아. 우리가 마침 넷이라 이렇게 바르게 잘 된 거지."
오리도 으스대며 말했어.
"그래, 혼자였다면 절대 해내지 못했을 거야. 우리가 함께 힘을 모아서 이긴 거야. **하늘은 스스로 돕는 자를 돕는다**고 했어. 우리가 진짜 멋지게 해냈어. 하하."
바리가 웃으며 셋을 토닥거려 주었어.
바리와 친구들은 손에 손을 잡고 어렵사리 되찾은 아름다운 참말왕국을 뿌듯하게 바라봤어.
그때 왕비가 넷을 바라보며 말했어.
"곧 크게 잔치를 열자꾸나. 그리고 너희가 멋진 속담의 힘으로 참말왕국을 되찾았으니, 온 나라 사람들에게 알리는 속담 대회를 열면 어떻겠니?"
"와, 좋아요. 좋고말고요!"
바리와 친구들은 한목소리로 대답하며 두 손을 번쩍 치켜들었어.

부록

이야기 속에 나오는 속담 해설

11쪽 **천 리 길도 한 걸음부터**
무슨 일이든 잘하려면 처음이 가장 중요하다는 뜻이에요.

12쪽 **원수는 외나무다리에서 만난다**
피하고 싶은 걸 꼭 마주하게 된다는 뜻이에요.

서당 개 삼 년에 풍월 읊는다
지식과 경험이 전혀 없어도 그 부문에 오래 있으면 얼마간의 지식과 경험을 갖게 된다는 뜻이에요.

돌다리도 두들겨 보고 건너라
아무리 잘 아는 일이라도 조심해야 한다는 뜻이에요.

14쪽 **비 온 뒤에 땅이 굳어진다**
힘든 일을 겪고 나면 더 튼튼해진다는 뜻이에요.

16쪽 **굼벵이도 구르는 재주가 있다**
① 할 줄 아는 게 없다고 생각했던 사람이 갑자기 나서는 걸 놀리면서 하는 말이에요.
② 아무리 못하는 사람도 뭔가 하나는 잘하는 게 있다는 뜻이에요.

17쪽 **개구리도 움츠려야 뛴다**
아무리 급한 일이라도 서두르지 말고 먼저 준비해야 한다는 뜻이에요.

18쪽 **원숭이도 나무에서 떨어진다**
아무리 잘하는 사람도 가끔은 실수할 수 있다는 뜻이에요.

20쪽 **말 한마디에 천 냥 빚도 갚는다**
말을 잘하면, 안 될 것 같은 일도 잘 풀릴 수 있다는 뜻이에요.

길고 짧은 것은 대어 보아야 안다
누가 더 잘하는지는 해 봐야 알 수 있다는 뜻이에요.

호랑이에게 물려 가도 정신만 차리면 산다
위험하거나 어려운 상황에서도 정신을 바짝 차리면 이겨낼 수 있다는 뜻이에요.

23쪽 **금강산도 식후경**
아무리 재미있는 일도 배부터 채워야 즐거워진다는 뜻이에요.

24쪽 **집 떠나면 고생이다**
① 다른 데보다 내 집이 제일 좋고, 마음 편하다는 뜻이에요.
② 집을 떠나면 아무리 좋은 데를 가도 힘들고 불편할 수 있다는 뜻이에요.

24쪽 **산에 가야 범을 잡지**
어떤 일을 이루려면 그 일을 할 수 있는 곳에 가서 노력해야 한다는 뜻이에요.

호랑이도 제 말 하면 온다
① 그 자리에 없다고 남에 대해 함부로 말하면 들킬 수 있다는 뜻이에요.
② 누구 얘기를 하자마자, 딱 그 사람이 나타나는 걸 말해요.

25쪽 **자라 보고 놀란 가슴 솥뚜껑 보고 놀란다**
무서운 걸 한 번 겪으면, 비슷한 것만 봐도 놀라게 된다는 뜻이에요.

26쪽 **지성이면 감천**
마음을 다해 노력하면 어려운 일도 잘 풀릴 수 있다는 뜻이에요.

29쪽 **열 번 쓰러지면 열 번 다시 일어난다**
힘든 일이 있어도 끝까지 해내는 용기를 말해요.

30쪽 **물에 빠져도 정신을 차려야 산다**
아무리 어려운 일이어도 정신을 차리면 해결할 방법이 생긴다는 뜻이에요.

33쪽 **쥐구멍에도 볕 들 날 있다**
지금 힘들어도 나중에는 좋은 일이 생길 거라는 뜻이에요.

열 번 찍어 안 넘어가는 나무 없다
계속 노력하면 결국 마음을 열게 된다는 뜻이에요.

하늘이 무너져도 솟아날 구멍이 있다
아무리 어려운 일이 생겨도 어떻게든 살아갈 방법이 생긴다는 뜻이에요.

35쪽 **고생 끝에 낙이 온다**
힘든 일이 지나면 꼭 즐겁고 좋은 일이 생긴다는 뜻이에요.

백지장도 맞들면 낫다
아무리 쉬운 일도 힘을 모으면 더 쉽게 할 수 있다는 뜻이에요.

종잇장도 네 귀를 들어야 바르다
종이 네 귀를 다 들어야 쭉 펴지듯이, 무슨 일이든 힘을 모아야 일이 잘된다는 뜻이에요.

하늘은 스스로 돕는 자를 돕는다
스스로 노력해야 좋은 결과를 얻을 수 있다는 뜻이에요.

작가의 말

『속담공주 나라를 구하다』가 아이들의 언어생활과 긴 배움의 여정에 신나는 첫걸음이 되길 바랍니다. 어릴 적, 어른들이 툭 던지는 속담이 참 신기하고 재미있었습니다.
"굼벵이도 구르는 재주가 있다더니, 맨날 울기만 하던 녀석이 씨름 선수가 됐어?"
"백지장도 맞들면 낫다더니, 친구들끼리 같이 해서 일을 금세 끝냈구나."
이런 말들을 들으면 뜻이 쉽게 와 닿았고, 속담 속 비유가 머릿속에 그림처럼 떠올라 더욱 흥미로웠습니다. 그런 경험이 쌓이면서 자연스럽게 속담에 관심을 갖게 되었고, 말과 글에 대한 흥미도 깊어졌습니다. 지금 와서 생각해 보면, 글 쓰는 일을 좋아하게 된 데 속담이 큰 역할을 했던 것 같습니다.

이 책은 속담을 어려워하는 어린이들을 위해 쉽고 재미있는 표현들을 골라 구성했습니다. 속담은 어휘를 넓히고 상상력을 키우는 데 큰 도움이 될 뿐 아니라, 민족의 문화와 전통을 이해하는 데도 중요한 열쇠가 됩니다.

어린이들이 좀 더 잘 이해할 수 있게 부록 '이야기 속에 나오는 속담 해설'에 속담 뜻을 쉽게 풀어서 실어 두었습니다. 초등학생들에게 이 책이 오래도록 도움이 되기를 바랍니다.

— 김숙, 박소명, 성현정

글

김숙

김천에서 태어나 서울 청구동에서 어린 시절을 보냈어요. 동국대학교 교육학과를 졸업하고, 5년간 일본에서 지냈어요. 귀국 후 그림책 전문서점을 열어 좋은 그림책 읽기 모임을 이끌었고, SBS의 애니메이션 번역 일을 하기도 했어요. 1999년《문학동네》신인상을 받았으며, 소설집『그 여자의 가위』가 있어요.『언제까지나 너를 사랑해』「100층짜리 집」시리즈 등 여러 어린이 책을 우리말로 옮겼으며, 김하루라는 필명으로 동시집『종우 화분』과 여러 권의 그림책을 썼어요.

박소명

광주일보와 동아일보 신춘문예에 동화가, 월간문학에 동시가 당선되었어요. 오늘의 동시문학상, 황금펜아동문학상, 한국아동문학상을 수상했어요. 동시집『밥 밥 별별 밥』『와글바글 식당』『뽀뽀보다 센 것』외 여러 권이 있고, 그림책『흑룡만리』『치로는 바다에 가고 싶어』, 동화책『오현, 바람을 가르다』『슈퍼 울트라 쌤쌤보이』등이 있고, 교양도서『어린이를 위한 유네스코 세계 유산』『질문으로 시작하는 세계 신화』『세계를 바꾸는 착한 마을 이야기』등이 있어요.

성현정

대학과 대학원에서 교육학을 공부했어요. 동화를 쓰기 전에는 영화와 애니메이션, 책을 번역하고 잡지를 만들기도 했어요. 동아일보 신춘문예 동화부문에 당선되었으며, 비룡소 문학상을 받았어요. 글을 쓴 책으로『두 배로 카메라』『모퉁이를 돌면』이 있고, 함께 지은 책으로『초록이 끓는 점』『2023 봄 우리나라 좋은 동화』『마음을 입력할 수는 없나요』『너와 나의 2미터』가 있으며, 번역한 책으로는『치킨마마』『코코의 심부름』등이 있어요.

그림

권영묵

따뜻하고 재미있는 그림책을 그리려고 노력하고 있어요. 쓰고 그린 책으로『슈리펀트 우리 아빠』가 있고, 그림을 그린 책으로는『장갑 한 짝』『학교에 간 언니』『아무도 이기지 않는 운동회』가 있어요.

『속담공주 나라를 구하다』 독후 활동지

글 김숙 박소명 성현정 | 그림 권영묵 | 북뱅크

속담공주 작은 책 만들기

Q. 속담공주 책에 나온 속담들로 작은 책을 만들어 보아요.

1. 작은 책 활동지를 오려 주세요.

2. 검은색으로 진하게 표시된 선까지 잘라 주세요.

3. 풀칠해서 이어 주세요.

4. 병풍접기를 해 주세요.

5. 반으로 접어 주세요.

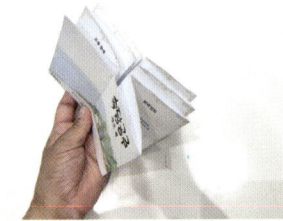

6. 접힌 선대로 접어 주세요.

7. 표지가 앞으로 오게 접어 주세요.

8. 빈칸을 채워 보아요.

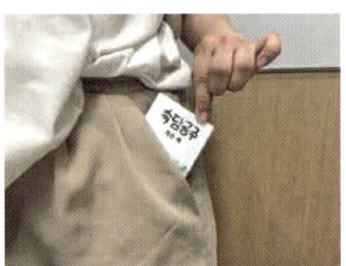

9. 주머니에 쏙! 넣어 다녀요.